I0824502

Sube de nivel en los videojuegos

SUBE DE NIVEL EN MADDEN NFL

LORI DITTMER

BLACK RABBIT BOOKS

Bolt es una publicación de Black Rabbit Books
P.O. Box 227, Mankato, Minnesota, 56002.
www.blackrabbitbooks.com

Alissa Thiegles, editora; Rhea Magaro, diseñadora de los interiores e investigación fotográfica

Información del catálogo de publicaciones de la Biblioteca del Congreso
LCCN 2025018398.
ISBN 978-1-64582-712-2 (library binding)
ISBN 978-1-64582-720-7 (ebook)

Impreso en China

BOLT

Image Credits

Associated Press/Donald Traill, 25; Electronic Arts/Electronic Arts, cover, 1, 4-5, 12, 14-15, 16, 19, 20, 26, 27, 28-29, 32; Getty Images/Anthony Souffle/Star Tribune, 23(b), James Drake, 6, Lachlan Cunningham, 23(m), Nic Antaya, 23(t), Robert Gauthier, 10-11, Todd Rosenberg, 9; Shutterstock/ Ilya kovshik, 16-17, katsuba_art, 26-27, Master1305, 3, 26, 27, Ringo Chiu, 31, Vina amelia, cover, Yeti studio, 24-25.

CONTENIDO

EAGLES
NFL
EAGLES
11

Un jugador de *Madden NFL* se inclina hacia adelante en su silla. Observa la pantalla. El partido está empatado en el último cuarto. Arma una jugada para un pase corto. ¡Ay, no! ¡Ahí viene el **blitz**! El mariscal de campo se agacha hacia la derecha. Lanza el balón. Un receptor abierto lo atrapa. ¡Touchdown!

Cada partido de *Madden NFL* dura unos 30 minutos.

Entrar al juego

Madden NFL es un videojuego de deportes. Cada año sale una nueva versión. Está basado en el fútbol americano. Incluye jugadores y equipos de la Liga Nacional de Fútbol Americano (NFL). Los jugadores pueden jugar solos o con otras personas. Intentan que su equipo anote la mayor cantidad de puntos.

El juego lleva el nombre de John Madden. Fue entrenador y comentarista de la NFL.

CAPÍTULO 2

PRIMEROS PASOS

La mayoría de los juegos *Madden* tienen diferentes **modos**. El modo Ultimate Team es popular. Los jugadores crean sus propios equipos. Eligen jugadores de los 32 equipos de la NFL.

Un modo dura solo un partido. Otro incluye varias temporadas. Los jugadores practican habilidades. Algunos pasan por un entrenamiento. Pueden intercambiar jugadores. Incluso pueden diseñar los uniformes y un estadio.

Modos de juego

ULTIMATE TEAM
crea el mejor equipo

FRANQUICIA
juega a lo largo de varias temporadas

SUPERSTAR
crea y controla a un jugador

HEAD-TO-HEAD
juega contra otros jugadores

EXHIBICIÓN
practica en un solo partido

EN NÚMEROS

7 días

Tiempo que se tardó en vender un millón de copias de *Madden NFL 25*.

1 de junio de 1988

Fecha en que salió el primer juego de *Madden*. Se llamaba *John Madden Football.*

99 000

Cantidad de fanáticos que vieron Madden Bowl 24 en línea.

130 millones

CANTIDAD DE COPIAS VENDIDAS DESDE 1988.

Josh Allen
mariscal de campo
Bazooka - mayor distancia de lanzamiento

Justin Jefferson
receptor abierto
Double Me - atrapa el balón con marca individual

Saquon Barkley
corredor
First One Free - alto índice de fintas exitosas

Elegir jugadores

Para comenzar, prueba con los mejores equipos. Esto cambia cada año. Arma un partido entre dos equipos de la NFL. O juega en el entrenamiento. Esto te ayuda a conocer el juego. Después de eso, puedes crear una **alineación**. Eliges jugadores. Los mejores tienen un X-Factor. Es una habilidad especial.

Aprender el libro de jugadas

Cada equipo tiene dos libros de jugadas. Cada jugada muestra una formación y una ruta. Las formaciones indican cómo se colocan los jugadores. Las rutas muestran los caminos que tomará cada posición. Los jugadores eligen las jugadas. También pueden crear sus propios libros de jugadas. ¡Hay cientos de jugadas diferentes!

Los jugadores y entrenadores reales de la NFL a veces usan *Madden NFL* para aprender jugadas.

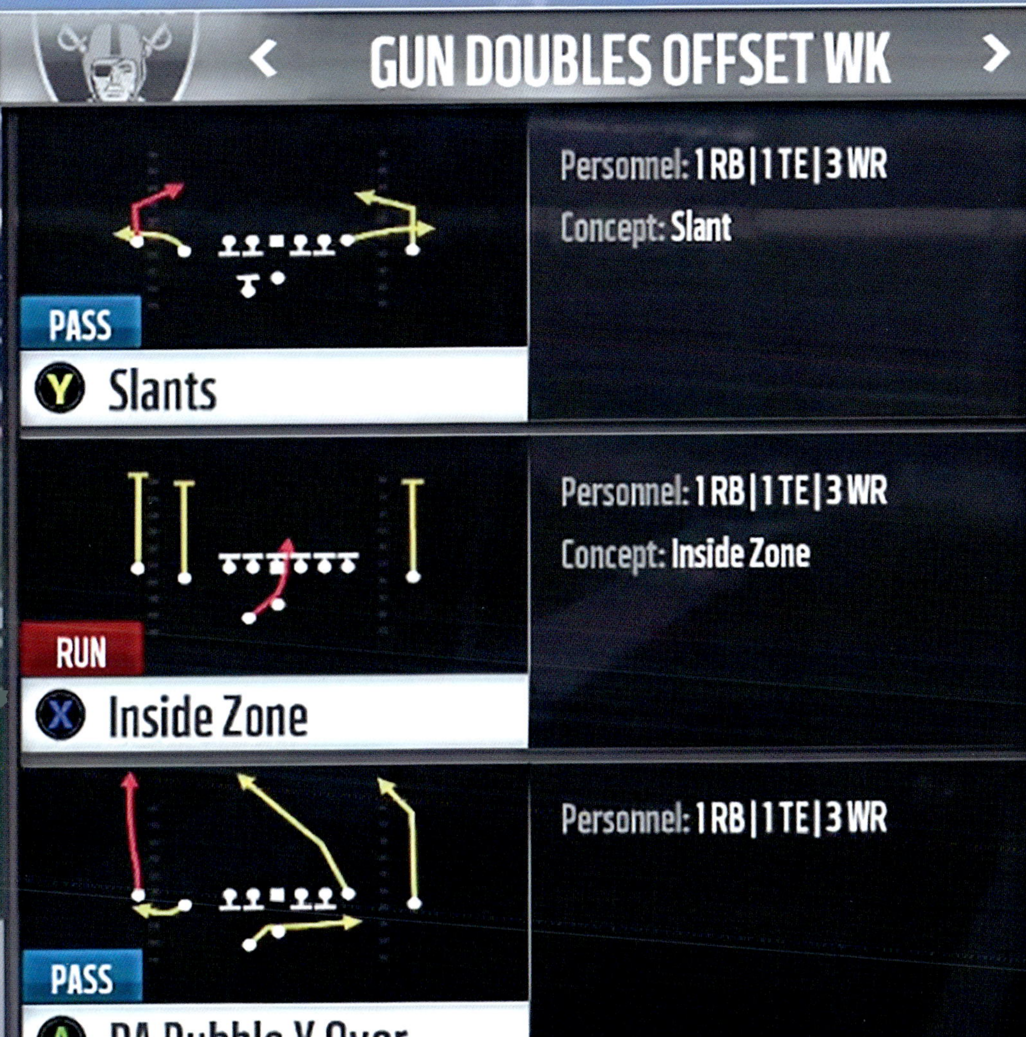
GUN DOUBLES OFFSET WK
PASS
Y Slants
Personnel: 1 RB | 1 TE | 3 WR
Concept: Slant
RUN
X Inside Zone
Personnel: 1 RB | 1 TE | 3 WR
Concept: Inside Zone
PASS
A PA Bubble Y Over
Personnel: 1 RB | 1 TE | 3 WR
RT FLIP PLAY
RB SUBS
LB RANDOM PLAY

JUGADA DE PASE

● = **liniero**
protege al mariscal de campo

● = **mariscal de campo**
lanza el balón

■ = **centro**
entrega el balón

X = **receptor**
atrapa el balón

↑ = **receptor en movimiento**

↑ = **receptor objetivo**

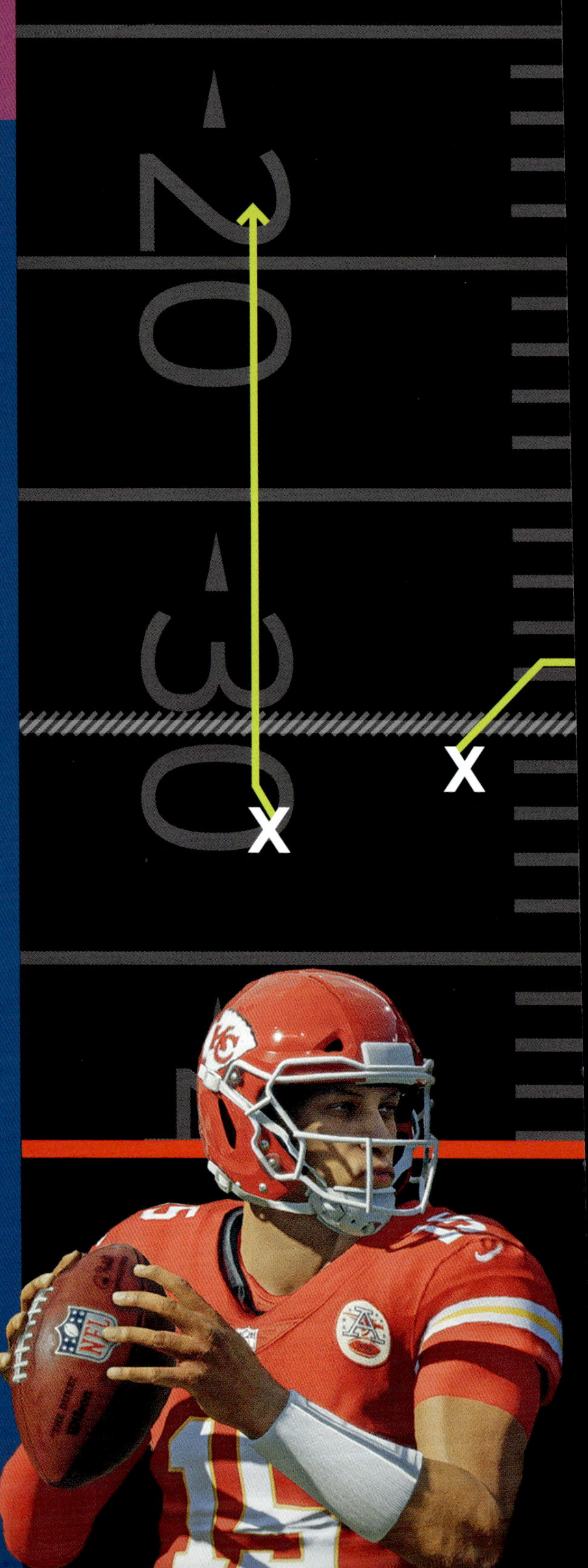

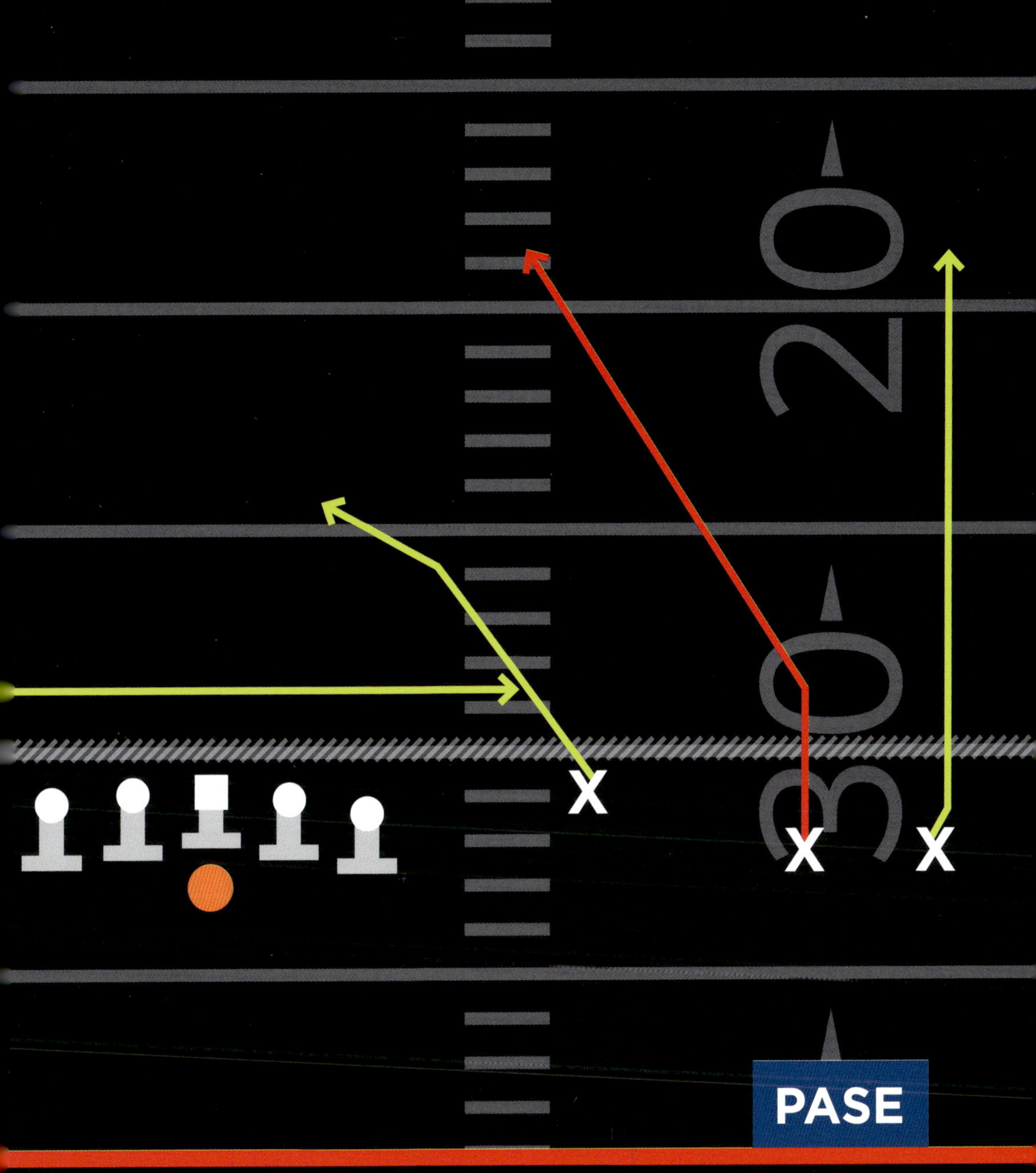

VERTICALES

Gun Empty Base Flex

CAPÍTULO 3

SUBIR DE NIVEL

Los jugadores pueden mejorar si planean sus movimientos. Usa fintas y giros para esquivar a los defensores. Evita usar la misma jugada una y otra vez. Los oponentes notarán un patrón. Cambia las jugadas. Prueba jugadas más difíciles para sorprenderlos. Siempre observa a tu oponente. Intenta adivinar qué hará su equipo. Luego alinea tu defensa para detenerlos.

El mariscal de campo puede cambiar la jugada antes de lanzar el balón. A esto se le llama una "ruta rápida".

Ganar EXP

Los jugadores ganan puntos de experiencia (EXP) con desafíos. Algunas tareas pueden ser fáciles. Un equipo puede necesitar lograr un primer down. O un desafío puede durar varias temporadas. Un pateador puede necesitar hacer 300 goles de campo. Ganar partidos también da EXP.

La EXP desbloquea habilidades y atributos. Puede mejorar la velocidad o la fuerza de tus jugadores. También puede desbloquear jugadores destacados.

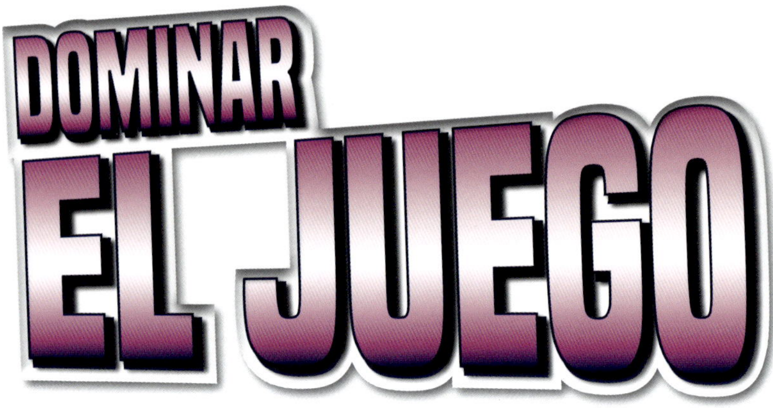

CAPÍTULO 4

DOMINAR EL JUEGO

Domina el juego llevando a tu equipo al Super Bowl. Intenta ganar en Gauntlet. Es parte del modo Ultimate Team. Los jugadores deben ganar 10 partidos sin perder dos veces. Los más habilidadosos pueden intentar el modo clasificado. Empiezan como **rookie**. Avanzan hasta llegar a **leyenda**.

Movimientos de celebración

Señalar a los fans

Bailar y rematar el balón

Baile de Griddy

Convertirse en profesional

Madden NFL es un **esport** popular. Los jugadores participan en **torneos** en línea. Los ganadores avanzan a eventos más importantes.

El campeonato de *Madden* es una serie de eventos. Finaliza con el Madden Bowl. Este es el torneo más importante. Se lleva a cabo la misma semana que el Super Bowl.

¡En 2025, el pozo de premios del Madden Bowl fue de USD 1 millón!

LESEAN
MCCOY
EA
SPORTS
MADDEN BOWL
Jacquez Green
MADDEN BOWL
Dwight Freeney
Reggie Brooks
MADDEN BOWL XVIII
Drew Brees
Jimmy Graham
Tim Tebow
2012
MADDEN BOWL
Dwight Freeney
MADDEN BOWL XIX
EJ Manuel
Kenjon Barner
Denard Robinson
2013

MEJORES PROFESIONALES DE MADDEN

Henry Leverette

- Uno de los mejores.
- Ganó el Madden Bowl 2024.
- Ha ganado USD 1 millón.

Fancy (Jacob Worthington)

- Ha ganado USD 500 000.
- Ganó el Madden Bowl 2025.

La mayoría de los profesionales transmiten sus partidas en **streaming** y explican sus jugadas favoritas.

Dez
(Peyton Tuma)

- Ganó el Madden Bowl 2023.
- El ganador más joven con solo 17 años.

JonBeast
(Jonathan Márquez)

- Conocido por mantener la calma bajo presión.
- Segundo lugar en el Madden Bowl 2025.

Un legado duradero

Madden NFL es uno de los videojuegos de deportes más populares. Los jugadores sienten que están en el estadio. Juegan con sus estrellas favoritas de la NFL. Las rutas y formaciones son reales. Pueden usar las jugadas que ven en los partidos de la NFL. Cada partida es una oportunidad de lograr una victoria emocionante.

GLOSARIO

alineación: una lista de personas o cosas que pertenecen a un grupo o equipo determinado

blitz: una jugada en la que varios defensores corren hacia el mariscal de campo

esport: videojuego competitivo

leyenda: una persona reconocida por hacer algo extremadamente bien

modo: conjunto de reglas dentro de un juego que definen cómo se juega

rookie: un jugador nuevo, generalmente en su primer año de juego

streaming: transmisión o recepción de material de video o audio por internet de forma continua

torneo: una serie de partidas entre varios equipos que termina con un ganador

ÍNDICE ALFABÉTICO